NOUVEAU RECUEIL
DE NOELS,
AVEC

DES CANTIQUES SPIRITUELS en forme d'Homelies, sur tous les Evangiles des Dimanches & Fêtes, depuis l'Avent jusqu'à la Purification, mis sur des Airs & des Vaudevilles choisis, notez pour en faciliter le chant.

Par Monsieur l'Abbé PELLEGRIN.

A PARIS,

Chez PIERRE WITTE, Libraire, ruë Saint Jacques, à l'Ange Gardien, vis-à-vis de la ruë de la Parcheminerie.

M. DCC. XXV.
Avec Approbation & Privilege du Roy.

NOUVEAU RECUEIL
DE NOELS
AVEC
DES CANTIQUES
SPIRITUELS.

L'HOMME DANS L'E'TAT
d'innocence.

Sur l'Air : *de Joconde.*

Combien l'Homme fut heureux
Dans l'état d'innocence !
Tous les biens qui flattoient ses
    vœux
Etoient en sa puissance :
Ses mouvemens suivoient son choix,
Et son cœur la droiture ;
En Maître il imposoit des loix
A toute la nature.

A ij

Sa voix n'avoit qu'à demander,
Un mot devoit suffire ;
Dieu l'avoit fait pour commander,
A tout ce qui respire ;
Il ne connoissoit point de maux,
De chagrins, ni d'allarmes ;
Les plus farouches animaux,
Tout lui rendoit les armes.

Que peut-on craindre sous l'appui
Du Maître du Tonnerre ?
Les cieux ne brilloient que pour lui,
Il regnoit sur la terre :
Les champs au gré de ses désirs
Etoient toujours fertiles ;
Par tout il trouvoit des plaisirs,
Et des plaisirs tranquiles.

Tant que de la Divinité
Son ame fut l'image,
Son corps d'aucune infirmité
Ne ressentit l'outrage.
L'ardente soif, la triste faim ;
Frimats, chaleur brulante,
Tout se réüniroit envain
Contre une ame innocente.

Son Dieu, pour ne mourir jamais,
Le fit sur son modele,
Mais il voulut qu'à ses bienfaits
Il eût un cœur fidele.

Son bonheur est à ce seul prix ;
Bientôt l'ingrat l'oublie ;
Ses enfans avec lui proscrits
Vont payer sa folie.

Quel effroyable changement !
Tout prend un autre face ;
Sous un trop juste châtiment,
Tombe une injuste audace :
Cet homme né pour être Roi,
N'est plus qu'un vil esclave ;
La nature suivoit sa loi ;
La nature le brave.

L'Homme dans l'état du peché.

Sur l'Air : *Tout cela m'est indifferent.*

O Combien l'homme est malheureux !
Triste Adam, quels sont tes neveux ?
Qu'as-tu fait de cette innocence,
Source de leur felicité ?
Depuis ta désobéïssance
L'homme n'est plus qu'infirmité.

Tu te flatois que tes Enfans
Seroient à jamais triomphans ;
Que tes biens seroient leur partage,
Que l'univers suivroit leur loi ;
Cependant quel est l'héritage
Que tu leur laisses après-toi ?

Ton crime a répandu sur eux

Un déluge de maux affreux ;
S'ils sont malheureux sur la terre,
C'est par toi qu'ils l'ont mérité ;
Pere cruel, tu fais la guerre
A toute ta posterité.

Un Dieu terrible, un Dieu vangeur
Ne nous voit plus qu'avec horreur;
Dans les Fils il punit le Pere ;
Mais quels que soyent ses châtiments,
Il est juste autant que severe ;
Nous adorons ses Jugements.

Tu t'es perdu par ton orgueil ;
De tes Enfans voilà l'écueïl ;
Toutes nos plaintes seroient vaines;
Il n'est pour nous qu'un même rang,
Et ton sort dans nos tristes veines
A dû couler avec ton sang.

Soûmettons-nous à notre sort,
Nous sommes Enfans de la mort.
Ne songeons qu'à verser des larmes
Pour éteindre un juste couroux ;
Peut-être rendra-t'il les armes
Qu'il vient de prendre contre nous.

Le Ciel m'inspire en ce moment;
J'espere un heureux changement :
La nüe à mes yeux se découvre ;
Le Juste en sort avec splendeur ;
Sous mes pas la terre s'entr'ouvre ;
Et j'y voi germer le Sauveur.

L'Homme rétabli en grace.

Sur l'Air : *J'entends déjà le bruit des armes.*

JE n'entends que chants de victoire
   Dans le séjour des Bienheureux ;
Mille voix annoncent la gloire
D'un Dieu qui vient combler nos vœux.
O jour d'éternelle mémoire !
Nous sortons d'un abîme affreux.

   L'orgueil nous creusa cet abîme,
L'humilité nous rend au jour ;
Dieu prenant sur lui notre crime,
Nous ouvre l'éternel séjour ;
Pour nous il se livre en victime ;
Tel est l'excès de son amour.

   Notre offense étoit infinie ;
Tel en est le Réparateur.
Elle devoit être punie
Par une éternelle rigueur ;
Mais l'Eternel nous justifie,
Il devient notre Rédempteur.

   Poison de la fatale pomme,
Tu ne nous feras plus mortel :
Le Verbe Dieu pour sauver l'homme,
Veut paroître homme criminel ;
Un Sacrifice se consomme,
Dont la Croix est l'auguste Autel.

Mais du moment de sa naissance,
Faut-il envisager sa mort ?
Dans un jour de réjouïssance,
Pourquoi prévoir un triste sort ?
Chantons ; notre bonheur commence ;
Nous passons du naufrage au port.

Qu'à jamais nos regrets finissent ;
Dieu nous fait un destin nouveau ;
Que les Mortels se réjouïssent,
Le Peché n'est plus leur tombeau,
Que mille voix se réünissent,
Pour célebrer un jour si beau.

Les Démons par des cris de rage,
Troublent envain nos doux concerts ;
Ils sont forcez de rendre hommage
Au Rédempteur de l'univers ;
Il commence un si grand ouvrage
Par s'assujettir les Enfers.

La paix vient regner sur la terre,
Tout va répondre à nos désirs ;
Enfer qui nous faisois la guerre,
Tu n'entendras plus nos soupirs :
La main qui lança le tonnerre,
Répand sur nous mille plaisirs.

Que l'Univers se renouvelle,
Que le jour succede à la nuit ;
Il n'est point de clarté plus belle ;
Le flambeau de la grace luit ;

L'ombre de la mort éternelle,
Loin de nous pour jamais s'enfuit.

✿✿✿✿✿✿✿✿✿✿✿✿✿✿✿

Les biens que la naissance de Jesus-Christ
a produit dans l'Univers.

Sur l'Air: *Joseph est bien marié.*

L'Eternel descend des cieux ;   *bis.*
C'est pour naître dans ces lieux   *bis.*
Chantons son amour extrême,
Aimons un Dieu qui nous aime:
L'Eternel descend des cieux,
C'est pour naître dans ces lieux.

S'il ne fût pas descendu,   *bis.*
L'Univers étoit perdu :   *bis.*
Il bannit la nuit obscure
Qui regnoit sur la nature ;
S'il ne fut pas descendu,
L'Univers étoit perdu.

Le premier des Criminels,   *bis.*
Fut le premier des Mortels.   *bis.*
Une trop fatale pomme
Séduisit le premier homme ;
Le premier des Criminels
Fut le premier des Mortels.

Il faut qu'un crime infini   *bis.*
Soit infiniment puni.   *bis.*
Un Dieu seul, un Dieu propice,
Satisfait à sa Justice ;

Il faut qu'un crime infini
Soit infiniment puni.

L'Homme Dieu naissant pour nous, } bis.
Calme son propre couroux. } bis.
Crime heureux ! heureux remede !
A l'Amour la Haine cede :
L'Homme Dieu naissant pour nous,
Calme son propre couroux.

Nous goûtons les doux attraits } bis.
D'une renaissante paix. } bis.
Les orages de la guerre
Ne ravagent plus la terre :
Nous goûtons les doux attraits
D'une renaissante paix.

Un Dieu calme l'Univers, } bis.
Un Enfant brise nos fers. } bis.
Chantons tous, chantons victoire,
Nos malheurs font notre gloire.
Un Dieu calme l'Univers,
Un Enfant brise nos fers.

Dans la saison des frimats } bis.
Il veut bien naître ici bas : } bis.
Mais avec un si bon Maître
Le Printems vient de renaître :
Dans la saison des frimats
Il veut bien naître ici bas.

Plus de pleurs, plus de soupirs ; } bis.
Rien ne manque à nos désirs ; } bis.

de Noels.

Après mille & mille allarmes,
Que les plaisirs ont de charmes !
Plus de pleurs, plus de soûpirs;
Rien ne manque à nos désirs.

De nos plus charmants concerts } bis.
Faisons retentir les airs : } bis.
Que chacun se réjoüisse ;
Le Ciel nous devient propice.
De nos plus charmants concerts,
Faisons retentir les airs.

Par nos chants harmonieux, } bis.
Unissons la terre aux cieux : } bis.
Qu'avec nous les chœurs des Anges
D'un Dieu chantent les loüanges.
Par nos chants harmonieux,
Unissons la terre aux cieux.

L'Annonciation.

Sur l'Air : *Or nous dites Marie.*

Quel astre nous éclaire ?
C'est l'Ange Gabriel.
Pour un heureux mystere
Il vient du haut du Ciel ;
Ambassadeur fidéle
D'un important projet,
Je le vois d'un coup d'aîle
Voler sur Nazareth.

Il entre chez Marie,
Dont Joseph est l'Epoux ;
Elle veille, elle prie,
Quel exemple pour nous !
Sur un si grand modele,
Chrétiens, reglez vos vœux :
Veillez, priez sans cesse,
Pour devenir heureux.

« De Grace revêtue,
Lui dit l'Ambassadeur,
« Un Ange te salue
« De la part du Seigneur :
« Par une chaste flâme,
« Un cher fruit de ton sein
« Plusque toute autre femme
« T'enrichira soudain.

Si la Vierge se trouble
A ce premier discours,
Que sa frayeur redouble,
D'en entendre le cours !
Ne crains point, poursuit l'Ange,
Calme un injuste effroi ;
Quel sujet de loüange,
De plaire au Divin Roi !

« Tu deviendras la Mere
« Du Sauveur des humains ;
« Sa Grace salutaire
« Va couler par tes mains ;
« Ton Dieu s'apprête à naître

" De ton glorieux flanc,
» Et ton Fils & ton Maître
» Se forment de ton sang.

" Je ne connois point d'homme,
Dit Marie à l'inſtant,
» Et comment ſe conſomme
» Ce miracle éclatant ?
» L'Eſprit Saint qui l'opere,
Répond l'Ange auſſitôt,
» Te rend Epouſe, Mere
» Et Fille du tres-Haut.

" Ce diſcours me conſole,
» Dit-elle, plus d'effroi :
» Que ſelon ta parole
» Dieu diſpoſe de moi,
» Ma foi toujours conſtante
» Pour le Maître des cieux,
» Sur ſon humble Servante,
» Lui fait jetter les yeux.

CE NOEL EST UNE PARAPHRASE
ſur les Litanies de la ſainte Vierge ; les
loüanges que l'Egliſe y chante en l'honneur de cette chaſte & ſacrée Mere du Sauveur, y ſont appliquées au ſujet qu'on y traite.

Sur l'Air : *Chrétiens, qui ſuivez l'Egliſe.*

Nous n'aurons plus pour partage
    L'eſclavage ;

Un Dieu vient briser nos fers :
Nous bravons, grace à Marie,
 La furie
Des Puissances des Enfers.

Que tout chante ses loüanges
 Chœurs des Anges,
Daignez vous unir à nous ;
Quand pour nous votre Maîtresse
 S'interesse,
N'en devenez point jaloux.

Jesus-Christ est notre Pere,
 C'est sa Mere
Que nous chantons en ce jour ;
Il nous a produit la grace ;
 Il efface
Nos pechez par son amour.

Un Dieu d'elle prend naissance,
 O clemence
Qui nous doit tous étonner !
Elle est l'innocence même,
 Son Dieu l'aime ;
Son Dieu veut la couronner.

Cette Vierge sans seconde,
 Dans le monde,
A produit son Créateur ;
Aux Mortels chargez de peines,
 Et de chaînes,
Elle donne un Rédempteur.

Qu'à jamais on la revere;
　　Cette Mere
Par qui nous renaissons tous;
Elle est tendre, elle est puissante,
　　Bienfaisante,
Fidele à prier pour nous.

C'est un miroir de Justice;
　　Aucun vice
N'y fit jamais de faux jour:
Elle fait notre allegresse;
　　La sagesse
Dans son sein fait son séjour.

Regnez, Arche d'alliance;
　　Par avance
Daignez nous ouvrir les cieux;
Du matin brillante étoile,
　　Sans nul voile,
Montrez-vous à tous les yeux.

Servez-nous près du grand Juge,
　　De refuge;
Dieu vous exauce toujours;
Les Démons nous font la guerre
　　Sur la terre:
Prêtez-nous votre secours.

Vous regnez sur la nature,
　　Vierge pure,
Et sur tous les purs Esprits;
De l'Eglise militante,
　　Triomphante,
Recevez ce juste prix.

La Naissance de Jesus-Christ.

Sur l'Air : Réveillez-vous, belle endormie.

LE Redempteur, le Roi de gloire
A pris pour nous un corps humain ;
Je vais en retracer l'histoire :
Divin Esprit, conduis ma main.

Un Edit de Cesar Auguste
Contraint les Peuples & les Rois
A lui dresser un compte juste
De ceux qui vivent sous ses loix.

Joseph soumis à son Empire
Obéït, & ne tarde pas ;
Il part, c'est pour se faire écrire ;
Sa chaste Epouse suit ses pas.

Par l'ordre exprès du Roi supréme,
Marie avoit reçu sa foi ;
Il la cherit plus que lui-même,
Elle veut bien suivre sa loi.

A Nazareth ils vont ensemble
Marie est prête d'accoucher ;
Mais quoiqu'il s'afflige & qu'il tremble,
Il n'a rien à se reprocher.

Malgré le nœud du mariage,
Il est Vierge, elle est Vierge aussi.

Le Saint Esprit a fait l'ouvrage
Dont sa tendresse est en souci.

※

Il cherche un gîte pour Marie,
Il en fait son premier devoir ;
Mais il n'est point d'hôtellerie
Où l'on les daigne recevoir.

※

Il la conduit dans une étable;
Point d'autre azile que ce lieu :
Est-il un sort plus déplorable ?
Quel Palais pour un Homme Dieu !

※

Deux animaux, un Bœuf, un Ane,
Composent sa nouvelle cour ;
Mais ce lieu qui paroît prophane
Vaut bien le plus brillant séjour.

※

Les Anges pour lui rendre hommage,
Pour l'adorer quittant les cieux,
Font retentir tout le rivage
De leurs concerts harmonieux.

※

Pendant la nuit cette merveille
Etonne & charme des Pasteurs;
Ce bruit heureux qui les éveille
Leur fait sentir mille douceurs.

※

Mais bientôt leur ame est atteinte
D'une secrette émotion ;
Au plaisir succede la crainte,
Et le trouble à l'attention.

B

Une clarté surnaturelle
A leurs yeux se montre à l'instant ;
Cette nuit leur paroît plus belle
Que le jour le plus éclattant.

Frappez de ce prodige étrange,
Ils n'osent plus ouvrir les yeux ;
» Ne craignez rien, leur dit un Ange,
» C'est un Dieu qui naît en ces lieux.

» Il est couché dans un étable
» Qui n'est pas loin de ce hameau ;
» Allez dans cet Enfant aimable
» Reconnoître un Maître nouveau.

L'Ange s'explique, ils obéissent,
La crainte fait place à la foi :
Mille autres avec eux s'unissent ;
Ils vont chercher le Divin Roi.

UN BERGER INSTRUIT PAR l'Ange qui lui a annoncé la naissance de Jesus-Christ, invite tous les autres à l'aller adorer dans l'étable de Betlehem, en leur faisant entendre tous les biens que son amour leur fait.

Sur l'Air : *Laissez paître vos Bêtes.*

QUE chacun se rassemble ;
Allons, Bergers, accourons tous ;

Pour adorer ensemble
L'Enfant qui naît pour nous.

Est-il un jour plus solemnel ?
L'unique Fils de l'Eternel
Vient sauver l'homme criminel.
Que chacun se rassemble,
Allons, Bergers, accourons tous,
Pour adorer ensemble
L'Enfant qui naît pour nous.

Rien n'est si beau que cette nuit :
Un nouvel Astre au monde luit,
Le jour revient, l'ombre s'enfuit.
Que chacun se rassemble,
Allons, Bergers, accourons tous,
Pour adorer ensemble
L'Enfant qui naît pour nous.

Ne craignons rien pour nos troupeaux ;
Ce Dieu qui vient finir nos maux,
Chasse les Loups de nos hameaux.
Que chacun se rassemble,
Allons, Bergers, accourons tous,
Pour adorer ensemble
L'Enfant qui naît pour nous.

Il rend la paix à l'Univers ;
Sa main vient de briser nos fers ;
L'amour triomphe des Enfers.
Que chacun se rassemble,
Allons, Bergers, accourons tous,

Pour adorer ensemble.
L'Enfant qui naît pour nous.

※

Ce Dieu naissant comble nos vœux ;
Au gré de son cœur amoureux,
Tous les humains vont être heureux.
Que chacun se rassemble ;
Allons, Bergers, accourons tous,
Pour adorer ensemble
L'Enfant qui naît pour nous.

※

Que le doux son de nos hautbois
Se fasse entendre dans nos bois,
Pour annoncer le Roi des Rois :
Que chacun se rassemble ;
Allons, Bergers, accourons tous,
Pour adorer ensemble.
L'Enfant qui naît pour nous.

※

Que l'Univers fasse sa cour
Au Roi de l'éternel séjour,
Qui se fait homme en ce grand jour.
Que chacun se rassemble ;
Allons, Bergers, accourons tous,
Pour adorer ensemble.
L'Enfant qui naît pour nous.

※

Plus de regrets, plus de soupirs ;
Ce Dieu propice à de nos désirs
Ne nous promet que des plaisirs.
Que chacun se rassemble ;
Allons, Bergers, accourons tous,

Pour adorer ensemble
L'Enfant qui naît pour nous.

※

Aimons, aimons ce Roi des cieux,
Un tendre cœur est à ses yeux
L'hommage le plus précieux.
Que chacun se rassemble ;
Allons, Bergers, accourons tous ,
Pour adorer ensemble
L'Enfant qui naît pour nous.

※

UN ANGE E'VEILLE UN Pasteur, qui d'abord ne le reconnoît pas ; mais qui à l'éclat dont il est ébloüi en ouvrant les yeux, demande à l'Esprit bienheureux d'où peut naître un si grand prodige. L'Ange commence par l'éclairer, & ensuite, il l'enflâme d'une sainte ardeur, & lui sert de guide jusqu'à l'étable où le Sauveur est né.

Dialogue entre un Ange & un Berger.

Sur l'Air : *Je me suis levé.*

L'Ange.

GLOIRE au Roi des cieux
Qui naît en ces lieux :
Paix à tout le monde :
Plus de soupirs ;
Que ce grand jour soit, de plaisirs,
Une source féconde.

Le Berger.

Qui fait tant de bruit,
Tandis que la nuit,
Couvre encor la terre ?
A quel propos
Me parle-t'on du doux repos,
Quand on me fait la guerre ?

L'Ange.

Un heureux réveil
Suspend ton sommeil ;
Cesse de t'en plaindre ;
Tu sors des fers ;
Et de la rage des Enfers
Tu n'a plus rien à craindre.

Le Berger.

Quel éclat nouveau
Remplit ce hameau ?
Quel brillant spectacle ?
Quoi ? Dans la nuit,
L'Astre du jour se leve & luit !
D'où vient ce grand miracle ?

L'Ange.

Ce Soleil naissant
Est du Tout-Puissant
Le Fils adorable ;
Il naît pour toi ;
A mes discours ajoute foi :
Rien n'est plus véritable.

Le Berger.

Une vive ardeur
Qui naît dans mon cœur
Me force à me rendre :
O l'heureux jour !
Dis-moi, Pasteur, dans quel séjour,
Se cache un Dieu si tendre ?

L'Ange.

Au lieu d'un Pasteur ,
Voi l'Ambassadeur
De ce Roi suprême ;
Apprends enfin ,
Qu'il est dans le hameau voisin ,
Ce Dieu charmant qui t'aime.

Ne me quittez pas ;
Conduisez mes pas ,
Esprit de lumiere ;
Voyons quels lieux
Renferment le Maître des cieux ,
Et de la terre entiere.

Pour te les montrer ,
Je vais t'éclairer ;
Marche sur mes traces ;
Berger, sui-moi ;
Ministres du suprême Roi ,
Nous dispensons ses graces.

LES PASTEURS DES environs de Betlehem se rendent auprès de la crêche de Jesus-Christ & lui offrent leurs cœurs pour hommages.

Sur l'Air : *Des Fêtes d'Eté.*

Tout ressent dans nos retraites
Les plaisirs que nous goûtons.

CHer Enfant, qui vient de naître,
Pour sauver le genre humain,
Nous te recevons pour Maître ;
Notre sort est dans ta main :
Dieu charmant, regne sur nous :
Nous ferons mille jaloux :
  Nos soupirs,
  Nos désirs,
Te font voir quelle est notre tendresse.
 Puisses-tu faire sans cesse
 Et nos biens & nos plaisirs.

 Tu viens de briser nos chaînes,
Tu nous rends un calme heureux ;
Nous ne sentons plus de peines,
Ce jour a comblé nos vœux :
Tu nous as donné la paix ;
Rien ne manque à nos souhaits :
  Ton amour
  En ce jour
Nous conduit au séjour de la gloire,
 Resonnez, chants de victoire,
 Remplissez ce beau séjour.

Qu'on n'entende sur la terre
Que les plus charmants concerts ;
La paix succede à la guerre ;
La discorde est dans les fers :
Le peché, monstre d'horreur,
N'exerce plus sa fureur :
  L'ombre fuit,
  Le jour luit
On ne voit regner que l'innocence.
 Que l'amour a de puissance!
 Tous nos biens en sont le fruit.

N'attends point nos dans bocages
De victimes, ni d'encens :
Contente-toi des hommages
De nos cœurs reconnoissans ;
Que ces cœurs brûlants pour toi
Soient garants de notre foi :
  Dieu charmant,
  Tendre Amant,
Embrasez de tes celestes flâmes,
 Nous te consacrons nos ames ;
 Nous t'aimons parfaitement.

LA VISITATION.

Sur l'Air : *Des Pélerins de S. Jacques.*

MARIE au travers des campagnes
  Porte ses pas ;
Son cœur, des plus hautes montagnes,

Fait peu de cas.
Pour sa cousine Elizabeth,
 L'amour la presse ;
Elle est le seul & digne objet
 De sa vive tendresse.

Elizabeth paroît émue
 A son abord ;
Le Saint Esprit semble à sa veüe
 Offrir son sort.
L'Enfant qu'elle porte en son sein,
 Tressault, s'avance ;
Du Rédempteur du genre humain,
 Il ressent la présence.

La Mere en ce moment s'écrie
 A haute voix,
» Est-ce Dieu même, ou bien Marie
 » Qu'ici je vois ?
» Que je sens naître dans mon cœur
 » D'ardentes flâmes ;
» Femme, que benit le Seigneur
 » Entre toutes les femmes.

» Le Fruit sacré de tes entrailles
 » Regne à jamais :
» Tu porte le Dieu des batailles,
 » Et de la paix.
» Par quel bonheur vois-je en ce lieu,
 » Dans ma Cousine
» L'aimable Mere de mon Dieu ?
 » Quel éclat m'illumine ?

de Noels.

» Dès que ta voix à mes oreilles
  » A resonné,
» Mon cœur charmé de ces merveilles
  » S'est étonné ;
» Mon Fruit détaché de mon flanc
  » Sembloit m'aprendre
» Qu'un Dieu formé de ton pur sang
  » Chez moi daignoit se rendre.

» Joüis de ton bonheur extrême;
  Ton Divin Roi
» Te fera voir combien il aime
  » Ta vive foi.
» Ses décrets ne sçauroient changer
  » Ils sont durables ;
» Les ordres de son Messager,
  » Sont loix irrevocables.

Marie écoute & s'humilie;
  Tel est son cœur ;
On ne voit point quelle s'oublie
  Dans sa grandeur ;
Elle répond, baissant les yeux,
  » Qui l'eût pû croire ,
» Que sur moi, le Maître des cieux
  » Répandit tant de gloire ?

LES PASTEURS DE BETLE'HEM,
instruits par les Anges, chantant les loüanges de Jesus-Christ, & préferent leur sort

à celui des Rois & des Grandeurs de la terre, le Sauveur du monde ayant choisi leurs hameaux pour séjour, plûtôt que les Palais superbes des hommes constituez en dignitez.

Sur l'Air : *Tous les Bourgois de Châtres.*

PUblions tous la gloire
D'un Dieu naissant pour nous,
De nos chants de victoire,
Que l'Enfer soit jaloux :
Jusqu'au fond de nos bois,
Que l'écho nous réponde
De nos hameaux un Dieu fait choix;
Nous possedons le Roi des Rois,
Et le Maître du monde.

Arbitres de la guerre,
Arbitres de la paix,
Fiers Maîtres de la terre,
Ne l'offensez jamais :
Un regard de ses yeux,
Plus puissant que la foudre,
Confond les cœurs ambitieux;
Tremblez, Mortels audacieux,
Il peut vous mettre en poudre.

Mais que prétend mon zele ?
Ne va-t'il pas trop loin ?
Ce Dieu qui nous appele
Prend bien un autre soin.
Il n'est pas en ce jour
Ce Dieu jadis terrible,

Nous ne sentons dans ce grand jour,
Que les effets de son amour ;
Par lui tout est paisible.

Ce Maître redoutable
Vient partager nos maux ;
Il naît dans une étable,
Entre deux Animaux ;
De la Divinité,
Le trône est une crêche :
A la plus haute Dignité
Préferons tous l'humilité ;
Puisqu'un Dieu nous la prêche.

Tous Bergers que nous sommes,
Il nous rend par son choix
Les plus heureux des hommes,
Sans excepter les Rois :
C'est un nouveau Pasteur
Qui naît dans nos bocages :
Nous sommes faits selon son cœur ;
Il prend soin de notre bonheur,
Et de nos pâturages.

Allons lui rendre graces,
Bergers, suivez-moi tous ;
Venez, suivez mes traces ;
Je vole devant vous :
Souffrez pour un moment
Que sur vous je préside ;
Vous marcherez plus sûrement,
Quand ce Pasteur tendre & charmant
Vous servira de guide.

L'Adoration des Mages.

Sur l'Air : *Chantons je vous prie Noel hautement.*

Trois illustres Mages
Viennent à la fois
Rendre leurs hommages
Au plus grand des Rois ;
D'une heureuse étoile,
L'éclat les conduit,
Et perce le voile
De la sombre nuit.

Tu les vois paroître,
Rive du Jourdain ;
Ton barbare Maître
S'allarme soudain.
Hérodes se trouble
Au seul nom de Roi ;
Ce qui suit redouble
Son premier effroi.

Dès qu'au nom de Maître
Le lâche a tremblé,
Le Scribe & le Prêtre,
Tout s'est assemblé :
Mais de la réponse
Son cœur fremira ;
L'Ecriture annonce
Où ce Roi naîtra.

Betlehem doit être
Le brillant séjour
Où ce nouveau Maître
Recevra le jour ;
A cette nouvelle,
Le Tyran qui craint
De rage étincelle ;
Cependant il feint.

Il dit aux trois Mages,
Mon cœur y consent ;
» Portez vos hommages
» A ce Roi naissant,
» Je prétends moi-même,
» A votre retour,
» A ce Roi suprême
» Faire aussi ma cour.

Tous trois applaudissent
A ce beau dessein ;
Ils s'en réjouissent,
Et partent soudain :
Toujours favorable
Dans la sombre nuit,
Auprès d'un étable
L'Astre les conduit.

C'est là qu'ils adorent
Le Verbe Eternel ;
C'est là qu'ils implorent
Un Dieu fait Mortel ;

L'or est leur offrande,
La Myrrhe, & l'Encens ;
Mais il ne demande
Que des cœurs ardens.

Un Roi les rappelle
En quittant ce lieu ;
L'Ange leur révele
Les desseins de Dieu ;
Bien loin de se rendre
Près de l'inhumain ;
Il leur dit de prendre
Un nouveau chemin.

Par cet Ange même,
Joseph est instruit :
Dans sa crainte extrême
Sur l'heure il s'enfuit ;
D'un Roi sanguinaire
Que n'attend-on pas ?
L'Enfant & la Mere
Marchent sur ses pas.

L'Egypte est l'azile
Du celeste Enfant ;
Dans ce lieu tranquile
Il est triomphant ;
Rien ne l'inquiéte
Dans ce beau séjour :
Dieu par son Prophete
Marque son retour.

Le Massacre des Innocens.

Sur l'Air : *J'entends déja le bruit des armes.*

QUE prétends-tu, troupe cruelle ?
Dans quel sang vas-tu te tremper ?
Dans tes yeux l'éclair étincelle,
La foudre part & va frapper ;
D'où naît cette fureur nouvelle,
A qui rien ne peut échapper ?

Un Roi cruel, un Roi barbare
Donne ces ordres inhumains,
Au sang dont il n'est pas avare
Il ouvre mille affreux chemins ;
De tous les cœurs l'horreur s'empare
A l'aspect des sanglantes mains.

Au Tyran trompé par les Mages,
Tous les enfans sont odieux ;
Leur sang inonde les rivages
Pour plaire à cet ambitieux.
Il fait voir par là quels hommages
Il destinoit au Roi des cieux.

Je vois une tremblante Mere
Arrêter le bras d'un Bourreau :
» Quel forfait, dit-elle, a pu faire
» Ce tendre Enfant dans le berceau ;
» Ah ! la victime m'est trop chere ;
» Fais tomber sur moi le coûteau.

En vain elle pleure, elle crie;
Rien n'arrête un fatal couroux:
Rien ne defarme une furie,
Prête à porter d'horribles coups;
Son cher Enfant tombe fans vie
Dans fon fein, ou fur fes genoux.

Roi fans pitié, Tyran perfide,
Quel fureur faifit tes fens?
Quelle eft la rage qui te guide?
Vain efpoir! projets impuiffants!
Quoi? pour commettre un Déïcide
Tu fais périr mille Innocents!

Que te fert ce regard terrible!
Tout eft foumis à l'Eternel:
Cependant ton projet horrible
N'en fera pas moins criminel.
Tu veux autant qu'il t'eft poffible,
Donner la mort à l'immortel.

Je fçais qu'un jour il faut qu'il meure,
Puifque lui-même il l'a voulu;
Quittant fa célefte demeure,
Au trépas il s'eft réfolu.
Mais n'en crois pas avancer l'heure;
Il en eft le Maître abfolu.

REFLEXIONS PIEUSES
fur la Naiffance de Jefus-Chrift.

Sur l'Air : Les plaisirs nous suivrons desormais.

SUR nos cœurs Dieu répand ses bienfaits ;
Il naît pour nous ; nos vœux sont satis-
faits ;
    Vivons sans allarmes,
    Vivons tous en paix ;
Ce beau jour a pour nous mille charmes,
Tous nos malheurs sont finis pour jamais.
Nous voyons une Aurore vermeille,
    C'est un soleil qui marche sur ses pas ;
    Tout brille ici-bas :
Il est tems que chacun se réveille,
    Ne negligeons pas,
    Un Dieu plein d'appas :
    Par lui tout respire,
    Pour nous il soûpire
    Dans cet heureux jour
    Tout parle d'amour.

Sa Naissance a sauvé l'Univers ;
Tous les humains gémissoient dans les fers ;
    Chantons sa victoire,
    Bravons les Enfers :
Célébrons son amour & sa gloire ;
Chantons, chantons, ranimons nos concerts :
Un doux calme succede à l'orage,
Un vent heureux fait changer notre sort,
    Il nous met au port ;
D'un Enfant ce miracle est l'ouvrage,
    Son premier effort
    Terrasse la mort.
    L'amour qui l'anime,

Malgré notre crime,
Vient nous rendre heureux ;
Il passe nos vœux.

AUTRES REFLEXIONS
sur l'amour que Jesus-Christ nous a témoigné en naissant, pour nous délivrer de l'esclavage du démon.

Sur l'Air : Les Fanatiques que je crains.

Allons chercher un Dieu naissant,
Portons-lui notre hommage :
Il triomphe, en s'abaissant,
De l'infernale rage ;
Célébrons le Fils du Tout-puissant,
Il a calmé l'orage.

C'est pour nous qu'il est descendu
De sa gloire suprême :
L'Univers étoit perdu
Sans son amour extrême :
Triomphons ; l'Enfer est confondu
Par un Dieu qui nous aime.

Il faut lui consacrer nos cœurs,
Pour prix de sa tendresse ;
Que des plus vives ardeurs
Ces cœurs brûlent sans cesse ;
C'est le plus aimable des vainqueurs ;
Aimons ; tout nous en presse.

Dans la saison des noirs frimats
Pour nous il daigne naître ;
Rien n'a retenu ses pas ;
Tout nous le fait connoître ;
Eh ! pourquoi ne nous reglons-nous pas
Sur notre Divin Maître.

C'est pour nous seuls que dans ces lieux
Il languit il soûpire :
En coulant de ses beaux yeux
Ses pleurs semblent nous dire :
C'est pour vous que j'ai quitté les cieux,
Où je tiens mon Empire.

Ecoutons bien tous les accents
Qui sortent de sa bouche ;
Ils sont foibles, mais perçants ;
Que leur douceur me touche !
Tendres sons, vous seriez triomphants
Du cœur le plus farouche.

Voici le tems de m'enflâmer,
Grand Dieu, tout m'y convie ;
Rien ne doit plus m'allarmer
Tu comble mon envie ;
Dieu charmant, je jure de t'aimer
Le reste de ma vie.

AUTRES REFLEXIONS
sur la Naissance de Jesus-Christ.

Pour le premier jour de l'An.

Sur l'Air : *Un jour le Sauveur du monde.*

EN ce jour dans le saint Temple,
Quel mystere l'on contemple !
Jesus vient s'y présenter.
Pour se faire circoncire ;
L'Enfer a-t-il quelque empire
Sur qui vient de le dompter ?

Huit jours après sa Naissance,
Malgré sa pure innocence,
Sous la forme d'un pécheur,
Il s'abandonne en victime,
Et couvert de notre crime,
Il se livre au fer vangeur.

Ce fer qui rend l'ame pure
Du Baptême est la figure ;
Que toujours le divin Roi
Soit notre guide fidele ;
Pour nous servir de modele,
Il se soumet à la Loi.

Publions par tout le monde
Son humilité profonde ;
C'est peu de la célébrer
Il faut la mettre en usage ;
A la suivre il nous engage,
Quand il vient nous la montrer.

❧

Fiers Mortels, voyez l'exemple
Qu'un Dieu donne dans son Temple;
De vos vœux ambitieux
Voyez toute l'injustice;
Faites-en un sacrifice
Au suprême Roi des cieux.

❧

Sensuels, suivez les traces
Du dispensateur des graces;
Jesus commence à souffrir;
Son Sang coule sur la terre;
Aux plaisirs livrez la guerre,
Ne vivez que pour mourir.

❧

Cher Enfant, quand tu soûpires,
Je voi ce que tu desires;
Tu viens élever nos vœux
A des biens toujours durables.
Plus nous sommes misérables,
Plus tu veux nous rendre heureux.

※※※※※※※※※※

Le Poëte dans ce Noël parcourt toutes les conditions des hommes, à commencer des plus grands jusqu'aux plus petits. Il leur fait porter leurs hommages aux pieds de Jesus-Christ, chacun selon son état.

Sur l'Air : *De Joconde.*

PUISQUE le monde est délivré
Des plus cruelles chaînes,

de Noels.

Que son Sauveur soit adoré;
Portons-lui nos Etreines.
Le Sujet & le Potentat,
Tout doit lui rendre hommage,
Que chacun selon son état
Parle un humble langage.

Le Pape.

Dieu, qui veux bien qu'en ces bas lieux
Je remplisse ta place;
Quand j'ouvre les trésors des cieux,
Répans sur moi ta Grace;
Je prétends me regler sur toi,
Je te prends pour modéle;
Mais daigne confirmer ma foi,
Et soutenir mon zele.

Les Rois.

Seigneur, pour prix de ces grandeurs
Dont tu nous environnes,
Nous t'apportons avec nos cœurs,
Nos Sceptres, nos Couronnes:
C'est toi qui fais parmi les Rois
Et la paix & la guerre;
Tout doit se soumettre à tes Loix;
Et le Ciel & la Terre.

Les Evêques.

Divin Enfant, qui naîs pour nous,
Et qui nous sers de Pere,
Pour garder nos brebis des loups,
Dis-nous ce qu'il faut faire:
Enseigne-nous, Pasteur nouveau,
Comment nous devons vivre;
Pour bien conduire son troupeau,
C'est toi seul qu'il faut suivre.

Les Grands du monde.

La dévorante ambition
Dont nous sentons les flâmes
Est la plus forte passion
Qui regne dans nos ames;
Mais que devient la vanité
A l'aspect de ta crêche?
Ce n'est plus que l'humilité
Que ce saint lieu nous prêche.

Les Magistrats.

Par nous au reste des humains
L'équité se dispense,
Les Rois dans nos severes mains
Déposent leur balance;
Grand Dieu, dans ton terrible jour,
Tu seras notre Juge;
Nous périrons si ton amour
Ne nous sert de refuge.

Les femmes mondaines.

Seigneur, de mille vœux secrets,
Nous recevons l'hommage;
Mais nous voulons de nos attraits,
Faire un meilleur usage:
Dans les liens les plus charmans,
C'est toi qui nous arrêtes;
Nous renonçons à nos Amans,
Pour être tes conquêtes.

Les Negocians.

En cent & cent climats divers
Nous portons le commerce;
Nos fiers vaisseaux bravent les mers;
Mais le vent les disperse:
Que ce soit du Sud ou du Nord
Que vienne notre Flotte,

Elle doit pour surgir au port,
Te prendre pour Pilote.
Les Artisans.
Pour subvenir à nos besoins,
Nous travaillons sans cesse :
Chez nous, ce n'est que par nos soins
Que la misére cesse ;
Seigneur, qui par ton tendre amour
Viens de briser nos chaînes ;
Daigne-nous accorder un jour
Le prix de tant de peines.

Pour la Fête de la Purification.

Sur l'Air : *Or nous dites Marie.*

POUR laisser un exemple
De son humilité,
Au Grand Prêtre du Temple,
Jesus est présenté :
Aussi saint que son Pere,
Il est sanctifié,
Fruit d'une Vierge Mere,
Il est purifié.

Quelque honneur qu'on lui rende
Dans le plus haut des cieux,
Il vient avec l'offrande
Qu'exigent ces saints Lieux ;
Ce sont deux Tourterelles,
Ainsi qu'il est porté,
Comme parfaits modéles
D'amour, de pureté.

O Simeon, saint Prêtre,
Que ne ressens-tu pas,
Quand tu vois ton cher Maître
Charger tes foibles bras ?
A ce bonheur extrême,
Ton cœur fut préparé ;
Le Saint Esprit lui-même,
Te l'avoit déclaré.

» Enfin, dit ce saint homme,
» Tout embrasé d'amour,
» Mon bonheur se consomme,
» Et voici mon grand jour :
» Seigneur, sur ta parole,
» J'attendois tes bienfaits ;
» Ton aspect me console :
» Je vais mourir en paix.

» Pour moi ce jour fait naître
» Un bonheur éternel ;
» Mes yeux ont vû paroître
» Le salut d'Israël ;
» C'est la source féconde
» Des trésors des humains,
» Que le Maître du monde
» Dépose entre mes mains.

» Auteur de la lumiére,
» Ce clair flambeau des cieux
» Commence sa carierre
» En dessillant mes yeux ;
» Je crois & j'aime à croire

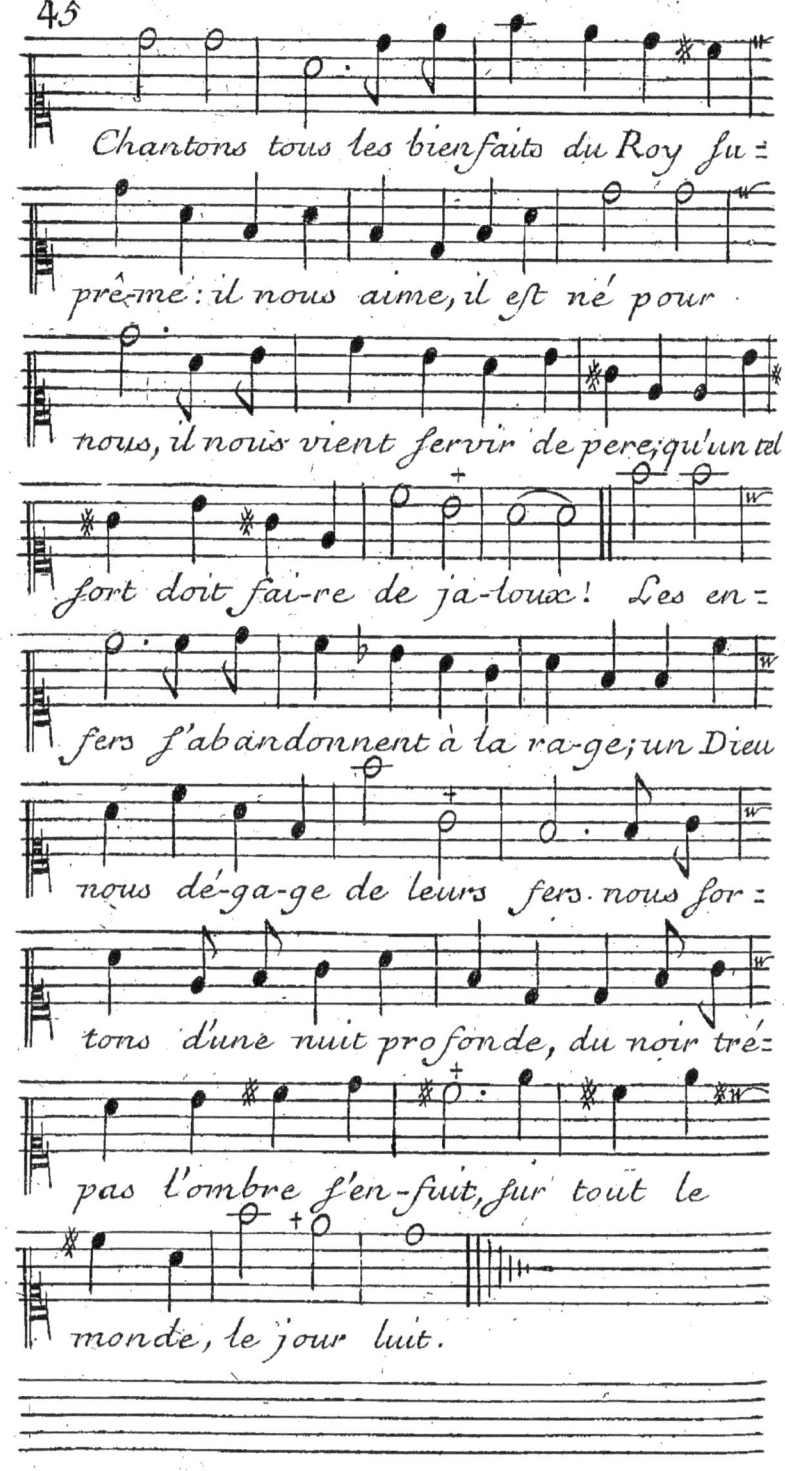

de Noels.

» Que le Sauveur est né
» Pour la plus grande gloire
» D'un peuple fortuné.

REFLEXIONS PIEUSES
sur les biens infinis que la Naissance de Jesus-Christ nous apporte.

Sur un Air de l'Opera du Jugement de Pâris.
Dieu d'amour,
Sous tes loix, comme sur l'onde.

CHantons tous
Les bienfaits du Roi suprême :
Il nous aime,
Il est né pour nous ;
Il nous vient servir de Pere ;
Qu'un tel sort doit faire
De jaloux !
Les Enfers
S'abandonnent à la rage ;
Un Dieu nous dégage
De leurs fers :
Nous sortons d'une nuit profonde,
Du noir trépas l'ombre s'enfuit ;
Sur tout le monde,
Le jour luit.

Quel malheur,
Lorsqu'une fatale pomme
Perdit l'homme !

Mais quel doux bonheur !
Tous nos maux vont disparoître ;
Ce grand jour voit naître
Le Sauveur.
Quels bienfaits
Le Ciel verse sur la terre,
Lorsqu'après la guerre
Vient la paix !
Goûtons-la cette paix charmante,
Ce fruit heureux d'un tendre amour ;
Que chacun chante
Son retour.

Fin des Noëls.

CANTIQUES
SPIRITUELS

Sur tous les Evangiles des Dimanches & Fêtes ; depuis l'Avent jusqu'à la Purification.

POUR LE PREMIER DIMANCHE de l'Avent.

Erunt signa in sole & luna & stellis & in terris pressura gentium ; & reliqua.
Luc. Cap. 21.

L'Evangile de ce jour fait voir quelle doit être la différence entre le premier avenement de Jesus-Christ & le dernier. Dans le premier, il est Sauveur, dans le dernier il sera Juge. Les prodiges qui arriveront dans toute la nature n'annoncent que fureur & que vangeance ; au lieu que dans l'heureux tems qui précede la naissance de Jesus-Christ tout respire la tendresse & la miséricorde ; c'est aux Chrétiens à choisir entre le Pere & le Juge ; le premier donne la vie, au lieu que le dernier doit prononcer l'Arrêt de mort contre tous ceux qui n'auront pas profité de la grace de la redemption.

Sur l'Air : *J'entends déja le bruit des armes.*

VOUS qui lisez cet Evangile,
Qui nous prédit le Jugement,
Le voyez-vous d'un cœur tranquile ?
Sans crainte & sans saisissement ?
Croyez-vous trouver un azile
Contre un affreux débordement ?

L'Astre du jour dans sa carriere
Aura moins d'éclat que de feux,
La Lune pâle & sans lumiere
Plaindra les Mortels malheureux,
Par tout une main meurtriere
Sera prête à tomber sur eux.

Ecoutez le bruit du tonnerre,
Voyez le Ciel brillant d'éclairs :

L'Eternel fait trembler la terre ;
Les vents font résonner les airs ;
Le flambeau d'une horrible guerre
Va mettre en cendre l'Univers.

Tout vous annonce un Dieu terrible,
Il vient confondre les humains ;
Ah ! votre perte est infaillible,
Il perce les cœurs & les reins ;
Suspendez, s'il vous est possible,
La foudre qui part de ses mains.

Ce jour propice vous annonce
Un plus heureux avenement ;
Pour vous à sa gloire il renonce ;
Son cœur vous aime tendrement ;
L'Arrêt que son amour prononce
Est pour vous un Arrêt charmant.

C'est pour finir votre esclavage
Qu'il daigne naître parmi vous :
Le calme succede à l'orage ;
Mortels, que votre sort est doux !
A vous sauver un Dieu s'engage,
Quand il devroit vous perdre tous.

Son couroux, d'un brulant déluge,
Doit un jour inonder ces lieux :
Son amour vous offre un refuge ;
Il vient pour vous ouvrir les cieux :
Choisissez du Pere ou du Juge ;
L'un & l'autre est devant vos yeux.

Craignons

Craignons le Juge, aimons le Pere,
Allons à lui, ne tardons pas :
Quoy ? se peut-il que l'on differe
A se jetter entre ses bras ?
Le choix est-il douteux à faire
Entre la vie & le trépas ?

POUR LE SECOND DIMANCHE de l'Avent.

Cum audisset Joannes in vinculis opera Christi, mittens duos ex Discipulis suis, ait illis: tu es qui venturus es, an alium expectamus? & reliqua. Matthæi cap. 13.

Saint Jean-Baptiste envoye ses Disciples vers Jesus, pour lui demander s'il est véritablement celui qui doit venir, ou si l'on en doit attendre un autre. Dans la réponse que le Sauveur fait à ses Messagers, il fonde autant la vérité de sa Mission sur la Prédication de l'Evangile, que sur l'opération des Miracles qui font l'entretien de toute la Judée. Tant il est vrai que Jesus-Christ ne s'est jamais mieux déclaré notre Pere, qu'en nous distribuant le Pain sacré de sa divine parole.

Sur l'Air de *Joconde*.

QUE l'Evangile de ce jour
Renferme de Mystéres !

Un Dieu pour nous brûlant d'amour
Epouse nos miséres;
Tandis que sa Divinité
Brillant dans ses ouvrages
Est un Soleil dont la clarté
Dissipe les nuages.

Jean saisi d'une sainte horreur
Au bruit de ses miracles,
Demande si c'est le Sauveur
Qu'annoncent tant d'oracles :
Jesus entend avec plaisir
Ses Messagers fideles,
Et pour répondre à leur desir
Ses paroles sont telles.

» Retirez-vous dans vos deserts,
» Allez à votre Maître,
» Conter les prodiges divers
» Qu'ici l'on voit paroître :
» Mais, si pour des besoins urgents,
» Je vais de Ville en Ville,
» Je fais plus, lorsqu'aux indigents
» J'annonce l'Evangile.

Chrétiens, suivez le Roi des cieux,
Courez à son école :
De ses biens, le plus précieux,
C'est sa sainte parole ;
Qu'à ses conseils, aucun esprit,
Aucun cœur ne résiste :
Profitez bien de ce qu'il dit,
Parlant de Jean-Baptiste.

» Jean, dit-il, n'est pas un roseau,
» Aussi vain que fragile,
» Pour prêcher un Baptême d'eau,
» Une voix inutile :
» C'est un Prophéte, un Précurseur
» D'un plus grand Maître encore ;
» Et de la Maison du Seigneur
» Le zele le dévore.

C'est ainsi que la vérité
S'exprime par sa bouche ;
Mais à quoi sert l'autorité
Si la Grace ne touche.
Un Dieu s'est incarné pour nous,
Est-ce assez de le croire ?
Il faut qu'il nous enflâme tous
De l'amour de sa gloire.

POUR LE TROISIE'ME DIMANCHE de l'Avent.

Miserunt Judæi ab Jerosolymis Sacerdotes & Levitas ad Joannem, ut interrogarent eum ; tu quis es ? & reliqua. Joan. c. I.

On voit dans cet Evangile des Prêtres orgueïlleux, & de l'autre un Prophéte qui s'humilie. Etes-vous Elie ? Etes-vous le Christ, ou quelqu'un des Prophétes ? Jean-Baptiste leur répond, qu'il n'est que la voix d'un homme qui crie dans le défert ; & qu'il eft venu préparer le chemin du Seigneur. Jean prêche la Pénitence, & c'eft peut-être pour cette raifon qu'il s'appelle une voix qui fe perd dans un défert. Le feul nom de Pénitence écarte tous les Auditeurs ; rien n'eft plus rebutant pour des hommes fenfuels, que la Grace n'a pas encore touchez

Sur l'Air : *Tout cela m'eft indifferent.*

Quel modéle nous eft offert !
Jean-Baptifte eft dans le défert ;
Qu'avec foin chacun le contemple ;
Ne foyons aveugles, ni fourds,
Il nous inftruit par fon exemple
Encor mieux que par fes difcours.

Superbes Prêtres de la Loi
Vous demandez quelle eft fa foi ;
S'il eft le Chrift, s'il eft Elie,
Ou quelque Prophéte nouveau ;
Non répond-il ; il s'humilie ;
Pour vous que cet exemple eft beau !

» Il eft Prophéte, dit Jefus ;
» Il eft quelque chofe de plus.
» Mais, quelque foit fon témoignage ;
» Jean femble parler autrement ;
» L'humilité convient au Sage,
» Des vertus c'eft le fondement.

» Je ne fuis, dit-il, qu'une voix

» Qui dicte les suprêmes Loix :
» Précurseur d'un Maître adorable,
» Du Rédempteur du Genre humain,
» Du séjour du seul bien durable
» Je vous prépare le chemin.

Que ce chemin est ignoré !
Et que l'homme en est égaré !
Jean vient prêcher la pénitence ;
C'est la voix qui crie au désert ;
Lui seul, il connoît l'importance
D'une doctrine qui se perd.

Il donne le Baptême d'eau,
Sans donner un esprit nouveau ;
On aime à suivre son école,
Mais sans quitter ses passions ;
Et l'on s'en tient à la parole
Sans en venir aux actions.

Chrétiens, dans chacun de ces traits,
Ne voyez-vous pas vos portraits ?
A quoi sert-il de vous apprendre
Mille importantes veritez ?
Vous n'êtes faits que pour entendre,
Et jamais vous n'éxecutez.

Vous suivez les Prédicateurs,
Comme d'aimables Orateurs ;
Le miel distile de leur bouche,
Vous trouvez leurs discours fleuris ;
Mais si la grace ne vous touche,
N'en perdez-vous pas tout le prix ?

Songez, il en est tems encor,
Que l'Evangile est un trésor :
Qu'un saint Ministre vous dispense
Les biens promis à votre foi,
Que le Ciel est la récompense
Des cœurs fideles à la loi.

POUR LE QUATRIÉME DIMANCHE de l'Avent.

Anno quinto decimo Imperii Tiberii Cæsaris, procurante Poncio Pilato Judæam, & reliqua. Lucæ cap. 3.

Jean-Baptiste continuë de prêcher la Pénitence. L'endurcissement des Juifs le porte à sortir des bornes de sa douceur ordinaire, il les appelle engeances de viperes, & les exhorte avec une sainte colére à faire des fruits dignes de pénitence. La Pénitence doit être proportionnée à l'énormité des péchés qu'elle doit expier, si l'on veut qu'elle fructifie dignement ; & où en seront réduits les pécheurs qui n'en font du tout point ? Le Précurseur de Jesus-Christ leur fait entendre dans l'Evangile de ce jour, que tout arbre qui ne rapportera rien à son Maître, sera coupé & jetté dans le feu.

Sur l'Air : *Cherchons la paix.*

LE Precurseur du divin Maître
Du saint Esprit est inspiré ;

A tous pécheurs il fait connoître
Jufqu'à quel point leur cœur est égaré,
Et que l'orage est prêt à naître,
Si par ses pleurs le mal n'est réparé.

» Quoi ! leur dit-il, maudite engeance,
» Chacun redoute un Dieu vangeur !
» Et cependant aucun ne pense
» A prévenir le jour de sa fureur !
» Faites des fruits de pénitence ;
» Mais qu'ils soient tels qu'ils calment sa rigueur.

A des penchants illégitimes
Nous nous livrons aveuglément ;
D'un Dieu vangeur, tristes victimes,
Qu'esperons-nous au jour du Jugement ?
Nous entassons crimes sur crimes,
N'est-ce pas là grossir le châtiment ?

C'est vainement que l'on espere
Si l'on ne cherche à mériter ;
Dieu prend pour nous le nom de Pere,
Mais ce nom seul ne doit pas nous flater ;
D'un peuple ingrat Juge severe,
Plus il l'aima, plus il doit éclater.

S'il nous choisit par préference,
Il peut ailleurs porter son choix ;
Nous abusons de sa clémence,
En trahissant ses souveraines loix ;
Dignes objets de sa vengeance,
N'a-t'il pas dû nous perdre mille fois !

Plus les méchans feront tranquiles,
Plus leur malheur fera comblé :
Tremblez d'effroi, cœurs infertiles,
L'arbre fans fruit tôt ou tard eft brûlé ;
Quand les rameaux font inutiles,
Au feu vangeur le tronc eft immolé.

Au doux repos on s'abandonne,
Lorfqu'il faudroit fe convertir ;
Ne craint-on pas un bras qui tonne ?
A chaque inftant la foudre peut partir :
Quand le péril nous environne,
N'eft-il pas tems de nous en garantir.

Eveillons-nous, c'eft trop attendre ;
Un long fommeil produit la mort ;
C'eft d'un moment que peut dépendre
Le bienheureux ou le malheureux fort ;
Tout nous en preffe ; il faut nous rendre ;
La Pénitence eft notre unique port.

POUR LE JOUR DE NOEL
A la premiere Meffe.

Exiit edictum à Cæfare Augufto ut defcribe-
retur univerfus orbis, & reliqua. Lucæ cap. 2.

Dans le tems qu'Augufte Céfar ordonne de
faire le dénombrement general de tous fes
Sujets, Jefus-Chrift vient lui-même écrire

dans le Livre de Vie, tous ceux qui voudront s'enrôler dans sa sacrée Milice. Il naît dans une paix profonde, pour nous apprendre que sa grace ne descend que dans les cœurs pacifiques. L'ingratitude des Chrétiens qui refusent l'entrée de leurs ames au Sauveur prêt à naître, est désignée par la triste necessité où Joseph & Marie sont réduits, ne trouvant point d'Hôtellerie pour loger. Les Pasteurs veillans pendant que les Anges leur annoncent la Naissance de Jesus-Christ accusent la paresse de la plûpart des Chrétiens sur la grande affaire du salut.

Sur l'Air : *Reveillez-vous belle endormie.*

TOUT est dans une paix profonde ;
Il n'est plus de ravage affreux ;
Pour venir naître dans le monde,
Le Sauveur prend ce tems heureux.

N'est-ce pas là nous faire entendre
Comme on mérite ses bienfaits ?
Et que sa Grace aime à descendre
Dans les cœurs où regne la paix ?

Il veut que tout débat s'oublie,
Lorsqu'à sa Table on est admis,
Et que l'on se reconcilie
Avec ses plus grands ennemis.

Auguste est Maître de l'Empire,
Il regne en cent divers climats ;

Le Prince ordonne de décrire
Les Habitans de ses Etats.

Pressé d'une plus noble envie,
Le Rédempteur du Genre humain
Nous écrit au Livre de Vie,
Son regne n'aura point de fin.

Le bon Joseph conduit Marie,
Ils vont tous deux à leur devoir ;
Cependant point d'Hôtellerie,
Où l'on les daigne recevoir.

Telle est l'humaine ingratitude ;
Dieu frappe ; point de cœurs ouverts ;
Il est dans une solitude,
Au milieu du vaste Univers.

Tout retentit des Chœurs des Anges
Pour exciter notre réveil,
Tandis qu'ils chantent ses loüanges,
Nous languissons dans le sommeil.

A des Bergers leur voix s'adresse ;
Quelle est la gloire d'un tel choix ?
On leur annonce la tendresse
Du Roi qui regne sur les Rois.

Humilité, quels sont tes charmes !
A ton aspect tout s'attendrit
Qui ne te rendra pas les armes,
Lorsqu'un Dieu même te chérit.

Non, ce ne fut pas une pomme
Qui causa tant de maux divers ;
Ce fut l'orgueil qui perdit l'homme,
Et ravagea tout l'Univers.

Qu'à jamais chacun le déteste,
Ce monstre horrible & furieux ;
Aux Anges même il fut funeste ;
Il les précipita des cieux.

Le Sauveur nous donne l'exemple
D'une profonde humilité ;
Mais est-ce assez qu'on le contemple ?
Non, il prétend être imité.

A LA SECONDE MESSE de Noel.

Pastores loquebantur ad invicem : transeamus usque ad Bethleem, & videamus hoc verbum quod factum est, quod Dominus ostendit nobis, & reliqua. Luc. cap. 2.

Dans le second Evangile de ce jour les Pasteurs trouvent un ample sujet de méditation ; le reste des Fideles n'y trouvent pas moins à profiter. L'Epoque de la Naissance de Jesus est celle de la Naissance de son Eglise ; les Anges s'adressent à des

Pasteurs ; pour nous faire entendre que c'est à nos Pasteurs que Dieu commet le soin de nous instruire, après les avoir instruits eux-mêmes. Les Pasteurs y apprennent qu'il faut veiller sur leurs troupeaux ; ceux de Bethléem vont à la Crêche pour se confirmer dans la croyance du grand Mystére que les Anges viennent de leur révéler. Les Pasteurs de l'Eglise doivent suivre leur exemple, & puiser dans cette source immortelle les célestes véritez de la foi, dont ils sont les dépositaires.

Sur l'Air : *Préparons-nous pour la Fête nouvelle.*

JETTONS les yeux sur l'Eglise naissante ;
Ce jour aux Chrétiens la présente ;
La voix des purs esprits s'adresse à des Pasteurs,
Et les instruit en échauffant leurs cœurs.

※

Heureux Bercail, ton Pasteur vient de
naître ;
Jesus est ton Pere & ton Maître ;
Il vient pour s'immoler, & veut qu'après sa
mort
D'autres Pasteurs prennent soin de ton sort.

※

Attachons-nous aux Pasteurs qu'il nous
laisse ;
Sur nous qu'ils président sans cesse :
Reposons-nous sur eux du soin des alimens ;
Obéissons à leurs commandemens.

※

Et vous, Pasteurs, qui devez nous conduire,

de Cantiques. 61

C'est Dieu qui doit seul vous instruire ;
Lisez cet Evangile, & vous apprendrez tous
Qu'il faut veiller pour nous garder des loups.

※

Si vous dormez, que feront vos oüailles ?
Sans cesse ouvrez-leur vos entrailles ;
Que votre vigilance & votre charité,
Sçachent toujours les mettre en sûreté.

※

De Bethléem les Pasteurs sont fideles ;
Qu'ils soient à jamais vos modeles ;
Les Anges du Seigneur leur parlent de sa part,
Et de la foi tous suivent l'étendart.

※

Suivez leurs pas ; ils s'en vont à la crêche:
Marchez ; leur exemple vous prêche ;
Ce n'est que dans le sein de l'immortalité
Qu'ils vont puiser la céleste clarté.

※

C'est un Soleil, qui naissant dans le monde,
Du jour est la source féconde ;
C'est lui qui de l'erreur vient dissiper la nuit ;
Est-il levé ? soudain l'ombre s'enfuit.

※

Jettez les yeux sur Joseph & Marie ;
L'un est attentif, l'autre prie ;
Ils admirent tous deux la foi de ces Pasteurs,
Dont leur cher Fils vient de toucher les cœurs.

※

Tout est mystere en ce jour mémorable:
Un Roi ne choisit qu'un étable ;
Les plus vils animaux font la nouvelle cour

Du souverain de l'éternel séjour.

Divin Jesus, tu déclares la guerre
Aux vaines grandeurs de la terre:
Et de l'humilité lorsque tu suis les loix
Du haut des cieux tu fais le fort des Rois.

A LA TROISIE'ME MESSE de Noël.

In principio erat Verbum, & Verbum erat apud Deum, & Deus erat Verbum, & reliqua. Joan. c. I.

L'Evangile de ce jour renferme le plus grand Myftere de notre religion. Saint Jean s'attache dabord à prouver la Divinité de Jesus-Chrift, sur laquelle il sembloit que les autres Evangeliftes ne s'étoient pas expliquez en termes formels & précis. Saint Jean, après avoir prouvé la Divinité de Jesus-Chrift, reproche aux Juifs l'ingratitude dont ils ont payé son amour en refusant de le reconnoître pour le Meffie tant promis par les Prophetes ; une partie de ce reproche tombe sur la pluspart des Chrétiens, qui tout persuadez qu'ils font de sa divinité & de sa miffion, lui refusent leurs cœurs.

Sur l'Air : *Quand le péril eft agréable.*

LE Verbe Dieu daigne descendre;
Elevons nos cœurs jusqu'à lui :

Emparons-nous dès aujourd'hui
Des biens qu'il veut nous rendre.

※

L'unique Fils de Dieu le Pere,
Se fait chair pour nous rendre heureux :
Il vient d'un esclavage affreux,
Terminer la misere.

※

Tel qu'il paroît dans sa naissance,
L'univers fléchit sous ses loix :
Il fait trembler les plus grands Rois,
Sous sa toute-puissance.

※

Il ne lui faut qu'une parole,
Pour créer cent êtres divers :
Et cependant pour l'univers,
On le voit qui s'immole.

※

De la nature il est le Maître,
A lui seul tout doit recourir :
Et toutefois c'est pour mourir,
Qu'il se soumet à naître.

※

Dans un étable il prend naissance,
Au milieu d'une sombre nuit,
Mais par lui seul, le jour nous luit,
Même dès son enfance.

※

Un Précurseur prévient ses traces,
Quel chemin il ouvre à nos pas !
Quel mortel ne s'enrichit pas
Du trésor de ses graces ?

Ce Dieu naissant a fait le monde :
Monde aveugle ! il ferme les yeux :
Il méconnoît le Roi des cieux,
De la terre & de l'onde.

La terre entiere est son ouvrage :
C'est par lui que l'homme est conçu :
Cependant il n'est pas reçû
Dans son propre héritage.

Heureux sont ceux qui promts à croire
L'ont reçu comme ses Enfans :
Il doit les rendre triomphants
Et les combler de gloire.

Ces Héritiers de son Empire
Ne sont pas des hommes charnels ;
La Grace les rend immortels
Et le Ciel les inspire.

POUR LE JOUR DE SAINT Etienne.

Dicebat Jesus turbis Judæorum & Principibus Sacerdotum : ecce ego mitto ad vos Prophetas & Sapientes : & ex illis occidetis & crucifigetis, & reliqua. Matth. c. 23.

Nous apprenons ici quelle attention nous devons apporter à la lecture de l'Evangile,

gile, qui est le Testament de notre celeste Pere. Jesus-Christ fait de sanglants reproches aux Juifs des cruautez qu'ils ont exercées contre les saints Prophetes, qui leur avoient été envoyez pour les instruire. Ils les menace de les abbandonner à leur endurcissement. Cette menace a été suivie de l'effet : nous en avons profité, Dieu nous ayant adopté pour son Peuple au lieu des Juifs ingrats, mais cette adoption nous doit faire trembler si nous n'y répondons pas, puisqu'elle peut passer de nous à d'autres Peuples, comme elle a passé des Juifs à nous.

Sur l'Air : *Sans crainte dans nos prairies.*

POrtons un esprit docile
Au pié des sacrez Autels ;
Dans le saint Temple on annonce aux mortels
La loi du saint Evangile ;
Le Redempteur nous cherit tendrement ;
Ecoutons bien son divin Testament.

Il est remplis de merveille,
Ce livre mysterieux ;
Il vous apelle au Royaume des cieux,
Chrétiens, ouvrez les oreilles ;
Ce n'est pas tout, ouvrez encor vos cœurs
Pour mériter de celestes faveurs.

Dieu dit aux Juifs infideles,
» Ingrats, j'ai tout fait pour vous ;

"De mes bienfaits l'Enfer étoit jaloux,
"Voyez les Anges rebelles;
"Pour les sauver, suis-je né ? suis-je mort
"C'est pour vous seuls que j'ai fait cet effor

"Par vous mes saints Interpretes
"Cent fois furent immolez ;
"A mon séjour vous futes appellez
"Par ces innocents Prophetes ;
"Ils vous offroient le bonheur le plus doux
"Mais on les vit expirer sous vos coups.

Leur sang crie enfin vangeance,
"Ma foudre est prête à partir ;
"Vos cruautez par tout font retentir
"Les plaintes de l'innocence ;
"Votre malice a comblé vos forfaits,
"Je me retire & vous laisse à jamais.

Chrétiens, que cette menace
Vous glasse d'un juste effroi :
Tout obéït à ce suprême Roi ;
Tremblez, craignez sa disgrace :
Ne tardez pas d'appaiser sa fureur ;
N'irritez plus ce terrible vangeur.

Il aime à quitter les armes,
Son cœur se calme aisément :
Pour l'attendrir il ne faut qu'un moment ;
Priez, répandez des larmes,
Soyez touchez de vos propres malheurs,
Votre salut dépendra de vos pleurs.

Grand Dieu, suspens ton tonnerre,
Entends ton Peuple gémir :
Ressouviens-toi, quand tu nous fais frémir,
Du jour qui sauva la terre :
Nous t'en prions par ce sang précieux
Qui nous roûvrit le Royaume des cieux.

POUR LA FESTE DE S. JEAN l'Evangeliste.

Dixit Jesus Petro : sequere me. Conversus Petrus, vidit illum Discipulum, quem diligebat Jesus, sequentem, & reliqua. Joan. c. 21.

Jesus-Christ semble punir la curiosité de S. Pierre & des autres Apôtres par la réponse indécise qu'il leur fait au sujet de son Disciple bien aimé. Ils se demandent les uns aux autres si Jean ne mourra pas, cependant Jesus-Christ ne leur a pas dit qu'il ne mourra point, mais seulement qu'il demeurera jusqu'à son retour. Que vous importe ce qu'il deviendra, dit-il à Pierre, suivez-moi seulement, c'est là l'unique nécessaire. Quand le Sauveur du monde répand ses graces sur nous, qu'avons-nous à faire de nous informer des bienfaits dont il comble nos Freres ? La mort de Jean est incontestable, puisque Jesus Christ est mort lui même : la dispute ne peut rouler que sur le tems où ce Saint Evangeliste, doit subir cette loi générale.

Sur l'Air : *Réveillez-vous, belle endormie.*

Jettez les yeux sur ce saint Livre,
Que Jesus‑Christ vous a laissé :
Il dit à Pierre de le suivre :
Pierre à le suivre est empressé.

Son Testament est un modele,
Sur qui l'on doit régler son cœur :
On n'y peut être assez fidele,
Ni faire voir assez d'ardeur.

Pierre demande au divin Maître
Ce qu'un jour Jean doit devenir,
Mais le présent lui fait connoître
Ce que doit être l'avenir.

Jean est cher au Sauveur du monde,
C'est son Disciple bien aimé ;
Dans le sein d'une paix profonde,
Son bonheur sera consommé.

Jesus répond à sa demande :
« Jean doit attendre mon retour,
Eh ! que t'importe qu'il m'attende ?
» Suis‑moi, mérite mon amour.

Quand le Seigneur répand ses graces,
Qu'importe de s'en informer ?
Ne songeons qu'à suivre ses traces,
Pour être heureux, il faut l'aimer.

Tant qu'ils voya gent sur la terre,
Les hommes s'examinent tous :
L'un à l'autre, ils se font la guerre,
Et l'un de l'autre, ils sont jaloux.

Tous les Apôtres sont en peine
De ce que Jean ne mourra pas ;
Sujets à la foiblesse humaine,
Ils semblent vouloir son trépas.

Jesus dit ,, je veux qu'il demeure,
,, Et qu'il attende mon retour ;
,, Mais non, je ne veux pas qu'il meure,
Tout mortel doit mourir un jour.

Puisque Jesus mourra lui-même,
Jean doit subir la même loi :
On ne fait pas pour ce qu'on aime
Ce que l'on ne fait pas pour soi

La mort devint notre partage
Si tôt qu'Adam devint pécheur :
Mais le ciel fut notre héritage,
Par la bonté du Redempteur.

Par une éclatante victoire
Il sçut triompher du trépas,
Voulons-nous partager sa gloire ?
Portons sa croix, suivons ses pas.

POUR LE JOUR DES SAINTS
Innocents.

Angelus Domini apparuit in somnis Joseph, dicens : Surge & accipe puerum & matrem ejus & fuge in Ægyptum, & esto ibi usque dum dicam tibi, & reliqua. Matth. c. 2.

La fuite de Joseph avec Marie & Jesus-Christ, dont l'Evangile de ce jour nous instruit, nous doit faire trembler de mériter un même sort. Jesus-Christ s'enfuit en Egypte pendant la nuit, pour nous montrer que l'aveuglement suit l'abandon de la grace. Quand nous le chassons, peut-il nous imposer de plus grande peine que de nous priver de sa divine présence? Le secours de sa grace nous est absolument nécessaire; mais elle nous demande notre concours, & celui qui nous a créés sans nous, ne nous sauvera pas sans nous. Ce n'est pas la raison qu'il faut consulter là dessus, elle ne sert qu'à nous égarer dans des difficultez épineuses. Un seul point nous importe, c'est de fuir le mal & de faire le bien.

Sur l'Air de *Joconde*.

LA sombre nuit voile les cieux,
 Le Sauveur prend la fuite;
A se câcher à tous les yeux,
 Sa puissance est réduite !
C'est le Mystere qu'aux Chrétiens

L'Eglise ici propose ;
Tâchons dans nos saints entretiens,
D'en pénétrer la cause.

Un Roi cruel lui fait chercher
Une terre étrangere ;
C'est l'en punir que se câcher ;
Voilà tout le myſtere.
Que ſon corroux eſt éclattant,
Quand ce Sauveur du monde
Nous fait tomber en nous quittant,
Dans une nuit profonde !

Peuple Chrétien, ne cherche pas
Ce châtiment terrible,
Si ton Dieu ne conduit tes pas,
Ta perte eſt infaillible ;
C'eſt par lui ſeul qu'on eſt heureux,
Obtiens qu'il te pardonne ;
Il abandonne les Hébreux,
Crains qu'il ne t'abandonne.

La grace eſt un préſent des cieux
Où tout Mortel aſpire,
Mais ce tréſor ſi précieux
Quelque fois ſe rétire,
Nous ne pouvons trop conſerver
Sa lumiere immortelle :
Elle peut ſeule nous ſauver,
Nous periſſons ſans elle.

Envain par ſon puiſſant ſecours
Tout nous devient facile.

Lui réfuser notre concours,
C'est la rendre inutile :
Si le Seigneur par sa bonté
Nous touche & nous éclaire,
Il veut que notre volonté
Avec lui coopere.

Ne prétends pas, fiere raison,
Qu'à tes loix je me rende ;
Elles ne font plus de saison
Dès que la foi commande :
Elle a parlé, ne me dis rien,
Tu me serois funeste ;
Je fuis le mal, je fais le bien ;
Le ciel fera le reste.

POUR LE DIMANCHE DANS l'Octave de Noel.

Erant Joseph & Maria, mater Jesu, mirantes super his, quæ dicebantur de illo, & reliqua. Lucæ. cap. 2.

La prophetie de Simeon doit remplir les Chrétiens d'une sainte & salutaire frayeur. Joseph & Marie se contentent d'admirer ce qu'on prédit de l'Enfant qui est sous leurs yeux ; mais nous en devons trembler & c'est de cette crainte que doit naître le soin de notre salut éternel. En plaignant les malheurs de Jerusalem qui s'est attiré la disgrace de celui qui venoit pour la retirer d'esclavage, nous devons éviter le même fort par une conduite toute opposée à celle de ce peuple aveugle & incrédule. Eh que nous serviroit qu'il eût versé son sang pour nous ? ne l'a-t'il pas aussi répandu pour les Juifs ? Ils l'ont rendu inutile par leur endurcissement, n'avons-nous pas la même chose à craindre ? Le nom de Chrétien ne servira qu'à nous condamner, & plus Jesus-Christ aura fait pour nous, plus il nous demandera compte de notre ingratitude & de ses graces.

Sur l'Air ; *Tôt ou tard l'amour est vainqueur.*

Admirons Jesus aujourd'hui,
Avec Joseph avec Marie :
Tout ce que l'on prédit de lui
Donne la mort, ou rend la vie.

,, Cet Enfant, leur dit Simeon,
,, Est né pour le salut des ames :
,, Mais pour qui maudira son nom
,, L'Enfer n'a pas assez de flammes.

Tu ne l'as que trop éprouvé,
Perfide Juif, Peuple infidelle,
A la foi qui t'auroit sauvé
Tu n'as montré qu'un cœur rebelle.

Les Gentils après ton refus
Ont partagé ton héritage ;
Les Chrétiens font ce que tu fus,

Mais ta ruine est ton ouvrage.

De Sion plaignons les malheurs ;
Mais craignons la même disgrace ;
Jesus-Christ peut transmettre ailleurs,
Sa foi, sa loi, sa sainte grace.

Hâtons-nous de suivre ses pas,
Si tôt que sa voix nous appelle :
Malheur à qui n'obéit pas ;
Cette révolte est criminelle.

Sous sa loi vivons à jamais :
Elle est l'unique nécessaire ;
Pour avoir part à ses bienfaits,
Ne respirons que pour lui plaire.

Que nous sert le nom de Chrétien.
Si nous n'avons Jesus pour Maître ?
Nous dire tels, est moins que rien :
Notre salut dépend de l'être.

Au milieu des égarements,
Si nous vivons toujours de même,
Que devient la foi des serments
Que nous faisons dans le baptême ?

Jesus Christ, du ciel décendu,
Pour nous s'est offert en victime ;
Mais que sert son sang répandu,
Si nous courons de crime en crime ?

Il viendra pour nous condamner:
Eh! qu'aurons-nous à lui répondre ?
La foi qu'il daigna nous donner
Ne servira qu'à nous confondre.

Redempteur de tous les humains,
Un jour tu deviendras leur Juge ;
Quand la foudre armera tes mains,
Il ne sera plus de refuge.

POUR LE PREMIER JOUR de l'An.

Postquam consummati sunt dies octo, ut circumcideretur Puer, vocatum est nomen ejus ; Jesus, & reliqua. Lucæ cap. 2.

Le nom de Jesus qui veut dire Sauveur, est le principal objet que l'Evangile de ce jour propose aux pieuses réflexions des fideles. Ce Nom sacré qui doit faire flechir les genoux aux Habitans des cieux, de la terre & des Enfers devient aujourd'hui l'amour & l'azile de toute la nature humaine. Il nous assure un port heureux après le plus funeste naufrage qui fut jamais, il nous ouvre le Royaume des cieux que le péché nous avoit fermé. Jesus-Christ dans le mystere de la Circoncision, commence le sanglant sacrifice qu'il doit achever sur la croix, & comme c'est parce qu'il nous a tendrement aimez qu'il s'est immolé pour nous ; il nous demande amour pour amour & sacrifice pour sacrifice.

Sur l'Air : *Aimable Vainqueur.*

LE Dieu Créateur
Est le Dieu Sauveur :
Ce Maître terrible
Devient sensible
Pour l'homme pécheur ;
Plus de vangeance,
La seule clemence
Reste dans son cœur.
Au nom de Jesus,
Chacun se rassure,
Humaine nature,
Tu ne trembles plus.
Ce nom si doux
Nous présage à tous
Un sort plein de charmes :
Calmons nos allarmes :
Dieu même est pour nous.
Que les Enfers
Lui rendent les armes,
Il rompra nos fers.

Le Ciel est ouvert,
Il nous est offert :
Dieu bannit du monde
La nuit profonde
Dont il fut couvert ;

Celeste grace,
A suivre sa trace,
Ton flambeau nous sert.
Ce Dieu triomphant,
Déja nous éclaire ;
Nous trouvons un Pere
Dans un foible Enfant.
Sur les Autels,
Pour tous les Mortels,
Il s'offre en victime,
Il n'est plus de crime ;
Ni de Criminels ;
Il faut l'aimer ;
L'ardeur qui l'anime
Doit nous enflammer.

POUR LE JOUR DE L'EPIPHANIE

Cum natus esset Jesus in Betlehem Judæ, in diebus Herodis Regis, ecce Magi ab Oriente venerunt Jerosalymam, dicentes : ubi est, qui natus est Rex Judæorum, & reliqua. Matt. c. 2.

La docilité avec laquelle les trois Mages suivent une étoile miraculeuse dont ils n'ont point encore vû de semblable, fait un reproche secret à la plus part des Chrétiens qui élevez & nourris dans le sein de la foi, resistent aux plus pressantes impressions de la Grace. Les Pécheurs sont ici comparez à Hérodes qui poursuit Jesus-Christ, & ils sont d'autant plus blâmables qu'ils n'ont pas les mêmes sujets de crainte, qui inspirerent tant de fureur à ce Roi ambitieux. Les Justes aucontraire ressemblent aux Mages, ils se laissent conduire par la Grace comme ces trois Rois se laissent guider par un étoile qui en est la figure. On apprend encore dans cette Evangile qu'on n'arrive à la crêche de Betlehem, c'est à dire à Jesus-Christ, qu'à la faveur de cette lumiere surnaturelle.

Sur l'Air : *Suivons, suivons l'amour, c'est lui qui nous mene.*

DAns l'Orient une étoile brille,
Rougissez-en, aveugles Chrétiens ;
Voyez quels yeux la grace dessille,
La vérité se montre à des Payens.

※

Du nom Chrétien, vous êtes indignes ;
Rien ne sçauroit confondre vos cœurs ;
Chez les Gentils on croit à des signes,
Vous récusez la foi de vos Docteurs.

※

Un Astre seul conduit à la crêche
Trois Etrangers qu'on n'a point instruits ;
Vous ignorez un Dieu qu'on vous prêche,
L'arbre est chez vous, on cueille ailleurs les fruits.

※

Un Roi cruel, un Roi sanguinaire,
Au Roi des Rois prépare la mort ;
Vous ressemblez à ce témeraire,

Craignez, un jour, de partager son sort.

Il est troublé ; son cœur ne respire
Que sang, que rage, & que desespoir :
La peur de perdre un puissant Empire
Lui fait former le projet le plus noir.

L'Ambition en fait un perfide ;
Mais vos forfaits surpassent le sien ;
Et contre un Dieu la fureur vous guide
Dans le moment que vous ne craignez rien.

Vous faites plus ; ce Dieu qui vous aime
Vient vous offrir l'Eternel séjour ;
Il vous apelle au bonheur suprême,
Vous l'offensez, pour prix de tant d'amour.

Chrétiens ingrats, qu'osez-vous donc faire ?
Vous trahissez votre bienfaicteur :
Il vous cherit, il vous sert de Pere ;
Et vous voulez en faire un Dieu vangeur.

Ouvrez les yeux avec les trois Mages ;
Vous les avez trop long-tems fermez,
Au Roi des cieux portez vos hommages ;
Que pour lui seul vos cœurs soient enflâmez.

Vous entendez la voix de la Grace,
Suivez enfin ses aimables loix :
Astre nouveau, sa clarté vous trace,
Le vrai chemin qui mene au Roi des Rois.

POUR LE PREMIER DIMANCHE
d'après l'Epiphanie.

Cum factus esset Jesus annorum duodecim, ascendentibus illis Jerusalem secundum consuetudinem diei festi, consummatisque diebus cum redirent, remansit Puer Jesus in Jerusalem, & reliqua. Lucæ, cap. 2°.

Nous apprenons dans cet Evangile, que Jesus-Christ commença les opérations où son Pere l'avoit destiné, aussi-tôt que la foiblesse de son âge le lui permit; ce qui doit faire rougir tous ceux qui remettent de jour en jour les œuvres aux quelles leur vocation les doit engager. La douleur de Marie & de Joseph sur la perte de leur cher Enfant doit couvrir de confusion, tous ceux qui perdent leur innocence avec tranquilité, & sans regret. Les Docteurs de la loi confondus par un Enfant, montrent l'avantage que la vérité toute nue & toute simple a sur l'erreur, de quelque faux éclat qu'elle soit parée.

Sur les folies d'Espagne.

ECoutons ce que dit l'Evangile:
Jesus-Christ, dès l'âge de douze ans,
Semble rougir de se voir inutile,
Il se dérobe à ses plus chers Parens.

Brûlons

Brûlons-nous du beau feu qui le presse ?
Que nos cœurs sont differents du sien !
Nous consumons nos jours dans la paresse,
Et nous mourons sans avoir fait le bien.

Contemplons & son Pere & sa Mere ;
Dans quel dueïl vient-il de les plonger ?
Ils l'ont perdu ; quelle douleur amere !
Nous le perdons sans nous en affliger.

Le péché d'avec lui nous sépare ;
Ce n'est pas pour trois jours seulement ;
De crime en crime à la fin on s'égare,
Et l'on périt dans son égarement.

Quel bonheur pour Joséph & Marie !
Le plaisir succede aux tristes pleurs ;
Par ce cher Fils la source en est tarie,
Il se fait voir au milieu des Docteurs.

Ces Docteurs admirent sa prudence ;
Il résout le plus fort argument ;
Il sçait d'un mot confondre leur science ;
Et devant lui leur orgueil se dément.

Faux Sçavants, votre science est vaine,
Quand la foi ne vous éclaire pas ;
Vous ne tenez qu'une route incertaine
Si son flambeau ne brille sur vos pas.

Vérité, ta splendeur immortelle

F

Doit toujours éclatter à nos yeux ;
Marche avec nous, Guide toujours fidelle,
Ton seul éclat nous peut conduire aux cieux.

,, Voi, mon Fils, la douleur qui m'ac-
 cable,
Dit Marie au divin Rédempteur,
,, Pourquoi laisser ta mere inconsolable ?
,, Que t'ai-je fait pour me percer le cœur ?

O douleur que l'amour seul inspire,
A nos cœurs fais ressentir tes traits ;
Lorsque de nous le Seigneur se retire,
Fais-nous de même exprimer nos regrets.

,, Je me dois à mon celeste Pere,
,, Dit Jesus, ne le sçavez-vous pas ?
,, L'homme égaré fait mon unique affaire ;
,, Je dois l'instruire & redresser ses pas.

Instrui-nous, tendre Sauveur du monde,
On t'a vû naître & mourir pour tous ;
Viens nous tirer de cette nuit profonde
Que nos péchez ont répandu sur nous.

POUR LE SECOND DIMANCHE d'après l'Epiphanie.

Nuptiæ factæ sunt in Cana Galilææ, & erat Mater Jesu ibi; vocatus est autem & Jesus & Discipuli ejus ad nuptias, & reliqua. Joannis cap. 2°.

Le premier miracle de Jesus-Christ que

l'Evangile de ce jour nous annonce, fut fait à la priere de Marie : la premiere réflexion qu'il nous offre, c'est que l'intercession de la Mere envers le Fils, doit nous paroître la plus efficace. Adressons-nous donc à elle préferablement à tous les autres Favoris de Dieu. Elle est la Reine des Anges & des Saints, & ceux qui par leur dévotion la mettent dans leurs intérêts ont une certitude morale d'obtenir par son intercession les graces qu'ils demandent.

Sur un Air du Prologue des Fêtes d'Eté.
Dans ces lieux tranquiles
Nous vivons heureux.

Rien n'est difficile
Au divin pouvoir ;
Le saint Evangile
Nous le fait bien voir :
Prompt à la demande
Du besoin humain,
Le Sauveur commande ;
L'eau se change en vin.

Soit dans une noce,
Soit sur les Autels,
Par tout il exauce
Les vœux des Mortels :
A ce tendre Pere
Demandons toujours ;
On ne peut rien faire
Que par son secours.

La mere s'empresse
Auprès de son Fils,
Elle s'interesse
Pour ses Favoris;
A cette Avocate
Adressons nos vœux,
Sa tendresse éclatte
Pour les malheureux.

TABLE

DES NOELS ET DES CANTIQUES
Spirituels, contenus dans ce Volume.

NOELS.

L'Homme dans l'état d'innocence.	p. 3.
L'homme dans l'état de péché.	5.
L'homme rétabli en grace.	7.
Les biens qu'a produits la Naissance de Jesus-Christ.	9.
L'Annonciation.	11.
Paraphrase sur les Litanies de la Vierge.	13.
La Naissance de J. C.	16.
Un Berger instruit par l'Ange, &c.	18.
Dialogue de l'Ange & d'un Berger.	21.
Homage des Pasteurs à J. C.	24.
La Visitation.	25.
Sentimens des Bergers sur la Naissance de J. C.	27.
L'Adoration des Mages.	30.
Le Massacre des Innocens.	33.
Réflexions pieuses sur la Naissance de J. C.	34.
Autres réflexions sur l'amour de Jesus-Christ, &c.	36.
Autres réflexions sur la Naissance de Jesus-Christ.	37.

TABLE DES NOELS, &c.

Pour le premier jour de l'An.	39.
Dialogue sur la Naissance de J. C.	40.
Pour la fête de la Purification.	43.
Réflexions pieuses sur la Naissance de Jesus-Christ.	45.

CANTIQUES.

POUR le premier Dimanche de l'Avent.	46.
Pour le second Dimanche de l'Avent.	49.
Pour le troisiéme Dimanche de l'Avent.	51.
Pour le quatriéme Dimanche de l'Avent.	54.
Pour le jour de Noël à la premiere Messe.	56.
A la seconde Messe.	59.
A la troisiéme Messe.	62.
Pour le jour de S. Etienne.	64.
Pour le jour de S. Jean.	67.
Pour le jour des S. Innocens.	70.
Pour le Dimanche dans l'octave de Noël.	72.
Pour le premier jour de l'An.	75.
Pour le jour de l'Epiphanie.	77.
Pour le premier Dimanche d'après l'Epiphanie.	80.
Pour le second Dimanche d'après l'Epiphanie.	82.

CATALOGUE

De Livres de pieté qui se trouvent à PARIS *chez* PIERRE WITTE, *ruë S. Jacques, à l'Ange Gardien.*

Les Colloques du Calvaire, ou Méditation sur la Passion de de notre Seigneur Jesus-Christ en forme d'entretien pour chaque jour du mois, augmentez d'une pratique pour bien faire ses actions. 12. Par M. Courbon Prêtre, Docteur en Théologie.

Guide du chemin du Ciel, du Cardinal Bona, traduction nouvelle. 16.

Heures chrétiennes d'Horstius, traduction nouvelle 18. 2. vol.

Histoire de l'ancien & du nouveau Testament, par M. le Bret. 8.

Introduction à l'Ecriture Sainte, du P. Lamy, en grand volume, avec des Figures, & en petit sans Figures.

La pratique de l'amour de Dieu, & de notre Seigneur Jesus-Christ, pour les trois états de la vie spirituelle. 32.

Les principes de Morale. Par M. de la Fond. 2. v.

Sermons & Lettres de S. Basile. 8. 2. vol.

Morale du Saint-Esprit, ou les devoirs du Chrétien, tirez des seules paroles de l'Ecriture Sainte. 8.

CATALOGUE

Le nouveau Pensez-y bien. 32.

Prieres & pratiques de pieté. 18.

Vie de M. de Quiriolet. 12.

L'Imitation de notre Seigneur Jesus-Christ nouvellemen traduite, avec des Réflexions & des Prieres pour en recueilli l'instruction & en demander l'esprit; & une Table des Matieres pour faciliter le choix des lectures, selon les besoins & le dispositions des Lecteurs. 12. Par M. de Bonnaire. Nouvell Edition revûë, & enrichie de l'Ordinaire de la Messe, ave l'Explication des differentes parties qui le composent, & d figures en Taille-douce.

L'Ordinaire de la Messe se vend séparément pour la commodi de ceux qui le veulent ajouter à d'autres Livres.

La même Imitation, sans Réflexions ni Prieres. Avec l'Ordinaire de la Messe. 12.

Exercices du Pénitent, avec des Régles & Maximes sur l Pénitence, & une Journée chrétienne. Seconde Edition, augmentée de Réflexions & Pratiques de Pénitence pour chaqu jour du mois. 18.

Les Pseaumes & les Cantiques paraphrasez sur l'Hebreu avec des Réflexions sur la Religion & sur les moeurs, tirée du fond du texte, & un Formulaire de Prieres. Par M. de Corbiere Docteur en Théologie de la Faculté de Paris. 12. 2. vol

L'Année affective, ou Sentimens sur l'amour de Dieu, tire du Cantique des Cantiques. Pour chaque jour de l'année. Pa le P. Avrillon. 12.

Réflexions Théologiques, morales & affectives sur les attributs de Dieu, en forme de Méditations pour chaque jour d mois. Par le P. Avrillon. Nouvelle Edition. 32.

Méditations pour les Retraites sur differens sujets, propres aux Religieuses & à toutes les personnes spirituelles. Nouvelle Edition augmentée d'une retraite de dix jours sur le Pseaume VI. *Domine ne in furore*; & d'un Exercice de pieté pour passer saintement la journée. 12.

Les conseils de la sagesse. 12. 2. vol.

Homelie, ou Paraphrase du Pseaume L. *Miserere mei Deus, &c.* en forme d'instruction, très-utile à toutes personnes, &c. Par feu le R. P. Edme Calabre Prêtre de l'Oratoire de Jesus Nouvelle Edition, augmentée d'une pratique de pieté, pou adorer Jesus-Christ expirant. 18.

Les Proverbes & Paraboles de Salomon mis en Cantiques sur des airs & des Vaudevilles choisis & notez. 8. Par M. l'Abbé Pellegrin.

Nouveau Recueil de Noels, avec des Cantiques Spirituels en forme d'Homelies sur tous les Evangiles des Dimanches & des Fêtes, depuis l'Avent jusqu'à la Purification. Sur des Airs & des Vaudevilles choisis & notez. 8.

APPROBATION.

J'Ai lû par ordre de Monseigneur le Garde des Sceaux un Manuscrit intitulé, *Nouveau Recueil de Noëls spirituels*, dans lequel je n'ai rien trouvé de contraire à la foi & aux bonnes mœurs. Fait à Paris ce neuviéme Mars mil sept cent vingt trois.

J. GRANCOLAS.

PRIVILEGE DU ROY.

LOUIS par la Grace de Dieu Roi de France & de Navarre, à nos amez & feaux Conseillers les Gens tenans nos Cours de Parlement, Maîtres des Requêtes ordinaires de notre Hôtel, Grand Conseil, Prevôt de Paris, Baillifs, Sénéchaux, leurs Lieutenans Civils, & autres nos Justiciers qu'il appartiendra, SALUT. Notre bien amé PIERRE WITTE, Libraire à Paris, Nous ayant fait remontrer qu'il a imprimé ci-devant avec nos Lettres de Privilege deux petits Livres intitulez, *Homelie ou Paraphrase sur le Pseaume 50. Miserere*, & *Exercices du Pénitent*, & dont il lui reste nombre d'Exemplaires, qu'il souhaiteroit debiter & réimprimer. Comme aussi qu'il voudroit imprimer & donner au Public, *Nouveau Recueil de Noels, avec des Cantiques Spirituels en forme d'Homelies, sur tous les Evangiles des Dimanches & des Fêtes, depuis l'Avent jusqu'à la Purification: Les Proverbes & Paraboles de Salomon mis en Cantiques sur des Airs & des Vaudevilles choisis: Homelie ou Paraphrase du Pseaume 50. Miserere mei. Deus: Exercices du Pénitent: Avec des régles & des maximes sur la Pénitence : Avec l'Ordinaire de la Messe, & l'explication des differentes Parties dont il est composé*; s'il Nous plaisoit lui accorder nos Lettres de Privileges & continuation sur ce necessaire. A CES CAUSES, voulant favorablement traiter l'Exposant, Nous lui avons permis & permettons par ces Présentes, de faire imprimer ou réimprimer lesdits Livres ci-dessus expliquez, en tels volumes, forme, marge, caractere, conjointement ou séparement, & autant de fois que bon lui semblera; & de les vendre, faire vendre & debiter par tout notre Royaume pendant le tems de *huit années* consecutives, à compter du jour de la datte desdites Presentes; Faisons défenses à toutes sortes de personnes de quelque qualité & condition qu'elles soient d'en introduire d'impression étrangere dans aucun lieu de notre obéissance : Comme aussi à tous Libraires, Imprimeurs & autres d'imprimer, faire imprimer, vendre, faire vendre, débiter ni contrefaire aucuns desdits Livres ci-dessus spécifiez, en tout ni en partie, ni d'en faire aucuns Extraits sous quelque prétexte que ce soit, d'augmentation, correction, changement de titre ou autrement, sans le consentement par écrit dudit Exposant, ou de ceux qui auront droit de lui ; à peine de confiscation des Exemplaires contrefaits, de six mille livres d'amende contre chacun des contrevenants, dont un tiers à Nous, un tiers à l'Hôtel-Dieu de Paris, l'autre tiers audit Exposant, & de tous dépens, dommages & intérêts ; à la charge que ces Presentes seront enregistrées tout au long sur le Registre de la Communauté des Libraires & Imprimeurs de Paris, & ce dans trois mois de la datte d'icelles ; que l'impression de ces Livres sera faite dans notre Royaume & non ailleurs, en bon papier & en beaux caracteres, conformément au Réglemens de la Librairie : & qu'avant que de les exposer en vente, les Manuscrits ou Imprimez qui auront servi de copie à l'impression desdits Livres, seront remis dans le même état où les Approbations y auront été données ès mains de notre très-cher & féal Chevalier Garde des Sceaux de France le Sieur Fleuriau d'Armenonville ; & qu'il en sera ensuite remis deux Exemplaires de chacun dans notre Bibliotheque publique, un dans celle de notre Château du Louvre, & un dans celle de notredit très-cher & féal Chevalier Garde des Sceaux de France le Sieur Fleuriau d'Armenonville, le tout à peine de nullité des Presentes ; Du contenu desquelles vous mandons & enjoignons de faire joüir l'Exposant ou ses Ayans cause pleinement & paisiblement, sans souffrir qu'il leur soit fait aucun trouble ou empêchement : Voulons que la copie desdites Presentes qui sera imprimée tout au long au commencement ou à la fin desdits Livres, soit tenuë pour duëment signifiée, & qu'aux Copies collationées par l'un de nos amez & feaux Conseillers & Secretaires foi soit ajoûtée comme à l'Original : Commandons au premier notre Huissier ou Sergent de faire pour l'execution d'icelles tous actes requis & nécessaires sans demander autre permission, & nonobstant clameur de Haro, Charte Normande & Lettres à ce contraire : Car tel est notre plaisir. Donné à Paris le vingt-deuxiéme jour du mois d'Avril, l'an de grace mil sept cens vingt-trois, & de notre Regne le huitiéme Par le Roi en son Conseil. Signé, CARPOT.

Registré sur le Registre V. de la Communauté des Libraires & Imprimeurs de Paris pag. 246. Num. 513. conformément aux Réglemens, & notamment à l'Arrêt du Conseil du 13. Août 1703. A Paris le 28. Avril 1723. BALLARD, Syndic.

De l'Imprimerie de J. B. LAMESLE, ruë des Noyers, à la Minerve.

www.ingramcontent.com/pod-product-compliance
Lightning Source LLC
LaVergne TN
LVHW050630090426
835512LV00007B/764